La calle...

(Kurz-Kriminalroman zum Spanisch Lernen.)

Biographische Information der Deutschen Nationalbibliothek:
Die Deutsche Nationalbibliothek verzeichnet diese Publikation
der Deutschen Nationalbibliografie; detaillierte
bibliographische Daten sind im Internet über dnb.dnb.de
abrufbar

© 2022 Raphaela Floréz
Herstellung und Verlag:
BoD – Books on Demand, Norderstedt
ISBN 9783756836321

La calle...

(Kurz-Kriminalroman zum Spanisch Lernen.)

- Mit 1 zu 1 Übersetzung
- Mit vielen Dialogen
- Mit Vokabeln und Grammatikeinheiten
- Zum Spanisch Lernen oder einfach zum Lesen.

Inhaltsverzeichnis:

Capítulo 1

Dos vecinos se encuentran en la calle una tarde cualquiera y charlan. Henrik, un electricista que actualmente está buscando trabajo, le dice a Sophia que Jeremy, un vecino de su edificio, desapareció y dejó todas sus pertenencias en el apartamento. Jeremy vivía en el mismo pasillo que Henrik. Sophia no ha vivido en la ciudad por mucho tiempo. Jeremy probablemente habría dejado todas sus cosas allí y no se lo habría dicho a nadie. Probablemente habría enviado un mensaje de texto más tarde diciendo que no iba a volver.

Diálogo:
Henrik: Hola cómo estas? ¿Has oído que Jeremy ha desaparecido?".
Sophia: "No, no he oído nada al respecto. Dime, ¿sabes qué hora es? Me gustaría ir de compras...
Henrik: "Sí, son las siete menos cuarto... Está bien, iré contigo.
Sophia: "¿Desde cuándo desapareció?
Henrik: "No lo sé exactamente. Desde ayer entre las doce y las seis, supongo. Su hermano me dijo. Solo le envió un mensaje de texto diciendo que no iba a volver. El vecino, Eric, siempre trabaja de once a siete y cuando volvió y tocó el timbre de Jeremy para preguntar si había llegado uno de sus paquetes, no lo había abierto.
Sophia: "Sí, no tengo idea. Es posible que vuelva a estar en contacto pronto o definitivamente vendrá de nuevo.
Henrik: "Definitivamente dejó sus cosas allí.

Entonces Henrik la mira con una sonrisa y dice...

Henrik: "Tal vez le pasó algo o tal vez le hicieron algo.
Sophia: "¿A quién te refieres con 'ellos'? Solo esperaría y
vería. Definitivamente estará en contacto de nuevo.

Frage:
Wenn alle Beteiligten die Wahrheit sagen scheidet eine
Person, die mit dem Verschwinden was zu tun haben
könnte aus. Erraten Sie welche?

Vokabeln

Hola, cómo estás?	Hallo, wie geht's?
Cómo te llamas?	Wie heißt du?
(el)nombre	(Vor)Name
(el)apellido	(Nach)Name
(las)cosas	(die)Sachen
(el)pasillo	(der)Flur
ayer	gestern
hoy	heute
mañana	morgen
Qué hora es?Son las..	Wie spät ist es?Es ist..
(la)llave	(der)Schlüssel
(la)puerta	(die)Tür
De donde eres?	Woher kommst du?
(la)tienda	Geschäft
comprar(algo)	(etwas)einkaufen
(la)verdad	(die)Wahrheit

(la)pregunta	(die)Frage
contar(algo)	(etwas)erzählen
encontrarse	(sich)treffen
en la calle	Auf der Straße
(el)edificio	Gebäude

Grammatikteil:

Substantiv

	maskulin	feminin
Singular	un señor	una señora
Plural	uños señores	unas señoras

Unbestimmer Artikel maskulin: un (Singular), unos (Plural)
Unbestimmter Artikel feminin: una (Singular), unas (Plural)

Bestimmter Artikel maskulin: el (Singular), los (Plural)
Bestimmter Artikel feminin: la (Singular), las (Plural)

Im Zusammenhang mit der Präposition **de** oder **a** verschmilzt der bestimmte Artikel **el** zu **al** oder **del**

Beispiele:
- Vamos **al** (a und el) cine
- Viene **del** (de und el) cine (Er kommt aus dem Kino)

Substantive, die auf **–a, -dad, -ción** enden, sind **meist feminin:** la cerveza, la ciudad, la canción

Substantive, die auf **–e** enden sind entweder **maskulin oder feminin**: el coche, la noche, la leche
Substantive, die auf **–o** enden, sind **meisten maskulin**: el bar, el árbol, el fotógrafo

Ausnahmen:
maskulin: el día, el mapa, el tema, el clima, el programa
feminin: la foto, la mano, la moto

Wochentage(los días de samana)

Montag	el lunes
Dienstag	el martes
Mittwoch	el miercoles
Donnerstag	el jueves
Freitag	el viernes
Samstag	el sábado
Sonntag	el domingo

Beispiele:
- Luiz juega fútbol en el viernes.
- Ellos van al cine los miercoles.
- Luiz va al este parque en el jueves.
- Ellos van al cine cada mez.

(Vor den Wochentagen steht der bestimmte Artikel)

Ausnahme:
-   **Hoy es lunes,martes,miercoles...**

Tag	el día, pl. los días
Monat	el mez, pl. los meces

Capítulo 2

Han pasado algunas semanas y Jeremy todavía no ha
aparecido. Sophia se pregunta si su vecino Henrik podría
tener algo que ver con eso. Desde hace unos días pasa
mucho tiempo con otro vecino llamado Lucas, que
también vive en su pasillo.Lucas está en el Mensa-Veren
pero, al igual que Henrik, pasa mucho tiempo frente al
ordenador. Henrik le dijo a Sophia que Jeremy todavía
estaba en contacto con Lucas. Para averiguar si esta es la
verdad, Sophia inventa una historia sobre un paquete
supuestamente perdido y le pide al hermano de Jeremy
el número de Jeremy.
Un día después, Sophia ve accidentalmente a Henrik y
Lucas afuera. Aparentemente, el hermano de Jeremy les
dijo que Sophia pidió el número de Jeremy.

Diálogo:
Sophía: "Hola, ¿de dónde venís?"
Henrik: "Estábamos en el buzón...
Sophia: "Lucas, ¿sigues en contacto con Jeremy?"
Lucas: "Sí, un poco... ¿por qué preguntas?"
Sophia: "Recibí una tarjeta del servicio de paquetería que decía que Jeremy probablemente aceptó un paquete mío hace mucho tiempo.
Lucas responde un poco irritado..
Lucas: Si, lo sé. El hermano de Jeremy dijo que preguntaste por el paquete. Sí, pero ¿por qué solo preguntas sobre eso ahora? Ahora, de repente, ¿te acuerdas de eso? Eso fue hace mucho tiempo, ¿no?"
Sophia: "Recientemente encontré la tarjeta de notificación y de alguna manera ya nadie tiene contacto con él".
Lucas: "De todos modos... ¡¡Estaba hablando por teléfono con él y no tiene tu paquete!!
Sophia: "Está bien, entonces eso está resuelto".
Lucas: "Está bien..."

Vokabeln:

(el)paquete	(das)Paket
(el)tiempo	(das)Wetter
(la)semana	(die)Woche
afuera	draußen
(el)buzón	(der)Briefkasten
(el)sol	(die)Sonne
(la)lluvia	(der)Regen
número de teléfono	(die)Telefonnummer

llamar(a alguien)	(jemanden)anrufen
(la)historia	(die)Geschichte

Grammatikteil:

como, cuando und que:

Stehen como und cuando jeweils am Anfang eines Fragesatzes, erhalten sie einen Akzent (Um sie von Konnektoren und Relativpronomen zu unterscheiden)

Beispiel:
- **Qué** ciudad está cerca de este lugar?
- **Cuándo** llega Luiz?
- **Cómo** fui este parque?

Pero:
- **Cuando** Luiz llama por telefono, no puede comer.
- Esta ciudad tiene más parques **que** la otra ciudad.
- Este animal ve un poco **como** este perro.

Cómo estás?(Wie geht's?wörtl.wie bist du) und Qué tal?(Wie geht's?) haben die gleiche Bedeutung..jedoch wird auf Qué tal keine Antwort erwartet

De dónde eres?(Woher kommst du?)...Soy de..Beispiel:
Luiz es de España
Cómo te llamas?(Wie heißt du?)..
(nombre ->(Vor)name..apellido->Nachname)

Grundzahlen

0	zero	1	uno
2	dos	3	tres
4	cuatro	5	cinco
6	seis	7	siete
8	ocho	9	nueve
10	siete	11	once
12	doce	13	trece
14	catorce	15	quince
16	dieciséis	17	diecisiete
18	dieciocho	19	diecinueve
20	veinte	21	veintiuno
22	veintidós	23	veintitrés
24	veinticuatro	25	veinticinco
26	ventiseis	27	veintisiete
28	veintiocho	29	veintinueve
30	treinta	31	treinta y uno
40	cuarenta	41	cuarenta y uno
50	cincuenta	51	cincuenta y uno
60	sesenta	61	sesenta y uno
70	setenta	71	setenta y uno
80	ochenta	81	ochenta y uno
90	noventa	91	noventa y uno
100	cien	101	ciento uno,-a
102	ciento dos	200	doscientos,-as
300	trecientos, -as	400	cuatrocientos,-as
500	quinientos,-as	600	seiscientos, -as
700	setecientos,-as	800	ochocientos,-as
900	novecientos,-as	1000	mil
2000	dos mil	10000	diez mil
100000	cien mil	1000000	millón

Beispiele:
- Son diez arboles
- Son tres coches
- Es un árbol (Bei uno entfällt das –o vor dem Substantiv)
- Qué hora es..son las cinco (Es ist fünf Uhr)
- Son las ocho (Ausnahme:**es** la una)
- A qué hora llega Luiz?..Luiz llega a las siete (Luiz kommt um sieben Uhr an)
- Son tres y media
- Son las dos menos cuarto
- Son cinco mesas
- Son tres vasos
- cien y uno chucharas
- cien y uno árboles

(Die Zahl steht vor dem Substantiv)
(Der Konnektor y steht zwischen Zehner und Einern..Cien wird zu ciento, wenn noch eine Zahl folgt)
Beispiele:
- cuarent y nuevo
- cincuenta y ocho
- ciento tres coches
- cincocientas personas
- trescientos coches

(Die meisten Adjektive stehen hinter dem Substantiv)
Beispiel:
- la camisa azul
- los árboles grandes

Capítulo 3

Revisar.:
Sophia recuerda un incidente que sucedió hace mucho tiempo. Hace unos tres meses hubo una pelea en este edificio. Otro vecino llamado Bob había tirado varias botellas por la ventana. Henrik afirma que a este vecino le gusta tomar una copa y luego se comporta de manera llamativa o inapropiada. En cualquier caso, Henrik y Bob habían discutido por la ventana. Bob vive un piso arriba de Henrik. Después de que Henrik provocó a Bob, éste bajó enojado las escaleras hasta el apartamento de Henrik. Henrik estaba esperando a Bob y le dijo a Lucas que tendría un testigo si algo sucedía.

Diálogo:
Bob: ¿Qué estás haciendo? Déjame en paz y haz mis cosas... ¿por qué estás interfiriendo?

Henrik: "¡¡No me gusta el ruido!! ¿Qué estás haciendo?"

Poco tiempo después, Henrik agarró un plato y golpeó a Bob en la cabeza con él, dijo que se sentía amenazado y quería defenderse. Poco tiempo después llegó la policía y la ambulancia, Lucas los había llamado porque la situación parecía estar escalando.

Sophia llegó tarde a casa ese día. Desde fuera había oído la discusión entre Henrik y Bob. Cuando entró en el patio, la policía pronto estuvo allí. Luego escuchó cómo hablaban de Henrik y uno dijo si deberían llevarlo con ellos.

Al llegar al primer piso, vio a Bob estar tendido en el suelo y la mano de Henrik estuvo obviamente herida. Obviamente se lesionó la mano y se dirigía al hospital con Lucas. Bob también fue llevado al hospital. Poco después, Sophia decidió ir de nuevo afuera para ver si alguien podía contarle algo más a la situación..Jeremy apareció de repente en el patio de abajo y dijo que Henrik acababa de golpear a Bob en la cabeza y que ya no quería involucrarse en esas cosas.

Cuando Sophia regresó a su departamento, tenía algunas cosas en mente..¿qué debería pensar de Henrik? Ciertamente parece ser un poco violento..¿Y por qué necesitaba un testigo en caso de que algo sucediera? ¿tuvieron algo planeado Henrik y Lucas?

...Después de unos meses hubo un juicio y Henrik fue absuelto... porque Lucas había testificado contra Bob como testigo y Bob había sido un poco agresivo durante el juicio.

Frage:
Sophia entdeckt ein mögliches Motiv warum Henrik was mit dem Verschwinden von Jeremy zu tun haben könnte..Wissen Sie welches?

Vokabeln

(el)revisar	(der)Rückblick
(el)incidente	(der)Vorfall
afirmar	behaupten
agarrar(algo)	(etwas)greifen
(estar)tendido	liegen
(el)suelo	(der)Boden
afuera	draußen
abajo	unten
aparecer	erscheinen
(la)situación	(die)Situation
llevar	bringen
(la)conservación	(das)Gespräch
(el)ruido	(der)Lärm
(la)ventana	(das)Fenster
(la)mano	(die)Hand
(la)pierna	(das)Bein
(el)brazo	(der)Arm

Grammatikteil:

In einem Satz steht das indirekte Pronomen von dem direkten Pronomen

Stehen zwei Objektpronomen (ein direktes Pronomen und ein indirektes Pronomen der 3.Person) in einem Satz, wird das indirekte le, les zu se

Beispiele:
- „Luiz le dio el lápiz?" – „Se lo dio."
  („Hat Luiz ihr den Bleistift gegeben?" – „Er hat ihn ihr gegeben.")
- „Luiz le ha contado sobre el país?" – „Se lo ha contado."
  („Hat Luiz ich von diesen Land erzählt?" – „Er hat ihr es erzählt.")

Stehen die Objektpronomen zusammen mit dem Infinitiv in einem Satz werden sie an den Infinitiv drangehängt

Beispiele:
- „Luiz conoce esta pelicula?" – „ No, pero quiere verla."
  („Kennst Luiz diesen Film?" – „Nein, aber er möchte ihn sehen.")
- „Luiz le dio el lápiz?" – „No, pero quiere dárselo."
  („Hat Luiz ihr den Bleistift gegeben?" – „Nein, aber er möchte ihr ihn geben.")

Beim direkten Pronomen
Ist das direkte Pronomen (Akkusativ) eine Person, steht vor dem Namen die Präposition a.

Beispiele:
- Conoces **a** Luiz

Pero:
- Luiz lee un libro
- Luiz ve un arbol

Beginnt der Satz mit dem direkten Objekt steht vor dem Verb zusätzlich das direkte Pronomen

Beispiel:
Los visitantes han escrito la carta?-Si, la carta **la** han escrito los visitantes

Beim indirekten Pronomen
Wenn ein Satz ein indirektes Objekt enthält muss zusätzlich vor dem Verb das indirekte Pronomen stehen
Beispiele:
- Luiz **le** dio el lápiz (Luiz hat ihr den Bleistift gegeben)
- Los visitantes **le** han traído un regalo **a Luiz** (Die Besucher haben Luiz ein Geschenk mitgebracht)

- Los visitantes **le** han traído un regalo (Die Besucher haben ihm ein Geschenk mitgebracht)
- Los visitantes **le** han escrito una carta **a Luiz**
- Luiz **les** ha comprado algunos regalos **a los visitantes** (Luiz hat den Besuchern einige Geschenke gekauft)
- **Le** muestra el parque **a Luiz** (Er zeigt Luiz den Park)

Capítulo 4

Sophia ya no sabía qué pensar de Henrik, después de todo, él nunca había actuado con violencia hacia ella y también le había dicho que no había otros testigos aparte de Lucas. Mientras tanto, ella también duda si él siempre dijo la verdad en las otras historias que le contó Henrik. Más tarde, Sophia llama a una amiga para contarle el incidente. Cathrine también conoce a Henrik porque vive cerca y ha estado antes en el departamento de Henrik con Sophia. Cathrine dice que a Henrik le gustaría provocar a la gente y, a menudo, dice cosas para discriminar a los demás. Pero también fue amable y educado con Sophia al principio. Sophia dice que Henrik podría haber planeado algo con Lucas esa noche. Después de todo, Lucas también es su testigo, quien testificó en contra de Bob y de Henrik en el juicio, entre otras cosas, mencionó que Bob atacó primero. Pero Sophia no se lo menciona a Cathrine, en primer lugar que Henrik podría tener algo que ver con la desaparición de Jeremy.

Diálogo:
Sophia: "Hola Catalina, ¿cómo estás?
Catherine: "Sí, bastante bien hasta ahora. Un poco cansado por el día de hoy y Anthony está de vuelta enviándome mensajes y haciéndome enojar".
Sophia: "Está bien, ¿no lo bloqueaste en la aplicación? ¿Todavía estás enojado con él por su comportamiento esa noche?"
Cathrine: "Sí, pero no importa por ahora. ¿Y hay algo nuevo contigo?
Sophia: "Oh, ya no sé qué pensar de Henrik, por eso en que golpeó a Bob en la cabeza con su plato. Ya no tengo mucho que ver con él tampoco... pero a menudo está en el apartamento con Lucas... no sé si podrían estar planeando algo allí".
Cathrine: "Oh, Henrik reaccionó de forma exagerada. Probablemente solo quería defenderse... Henrik fue absuelto... ya no puedes averiguar qué sucedió exactamente... el asunto está resuelto ahora".

Sophia: "Sí, tal vez tengas razón... tengo que preparar algo para mañana... me pondré en contacto contigo mañana o algún día... adiós".
Cathrine: "Está bien... adiós".

Vokabeln:

(la)gente	(die)Leute
(la)mensaje	(die)Nachricht
en la noche	abends
preferir	vorziehen
mencionar	erwähnen
también	auch
(el)plato	(der)Teller
un poco	ein bisschen
preparar	vorbereiten

Grammatikteil:

Die direkten Objektpronomen (Akkusativ)

me	mich
te	dich
lo, la	ihn, sie, es, Sie
nos	uns
os	euch
los, las	sie (Pl.), Sie

Die indirekten Objektpronomen (Dativ)

me	mir
te	dir
le	ihm, ihr, Ihnen
nos	uns
os	euch
les	ihnen, Ihnen (Pl.)

Subjektpronomen

(yo)	ich
(tú)	du
(él, élla, usted)	er, sie, Sie
(nosotros,nosotras)	wir
(vosotros,vosotras)	ihr
(ellos, ellas, ustedes)	sie(Pl.), Sie(Pl.)

(nosotras, vosotras und ellas verwendet man wenn es sich um ausschließlich weibliche Personen handelt)

Im Spanischen werden die Personalpronomen oft weggelassen da man meistens an den Verbendungen (1.Person, 2. Person..Singular oder Plural) erkennen kann um wen es sich handelt. Die Personalpronomen können aber verwendet werden um etwas hervorzuheben oder wenn nicht klar ist um wen es sich handelt.

Capítulo 5

Sophia también se queda a menudo en el extranjero. Ella espera poder obtener más claridad sobre el asunto a través de la distancia. Escribe algunos puntos importantes en una hoja de papel y también tiene algunas preguntas que aún no se han aclarado. ¿El hermano de Jeremy tiene algo que ver después de todo? Después de todo, inmediatamente les contó a Lucas y

Henrik sobre el paquete supuestamente perdido. Tal vez estén confabulados. También se ha dado cuenta de que Cathrine suele defender a Henrik. Como es un poco más tarde y Sophia ya está un poco cansada, le gustaría dormir cuando de repente Henrik le envía un mensaje.

Diálogo:
Henrik: "Hola, Sophia, ¿cómo estás? ¿No estás en casa?"
Sophia: "Gracias, no, voy en camino... ¿Por qué? ¿Pasó algo?
Henrik: "¿Dónde estás?"
Sophia: "No importa ahora. Te lo diré mañana. Se está haciendo tarde aquí y me gustaría dormir ahora ... hasta mañana
Henrik: "Está bien, lo que tú digas. Puedes decirlo tan fácilmente donde estás..En cualquier caso, la casa de tu vecino fue allanada.
Sophia: "¿Con quién?"
Henrik solo responde una hora después.
Henrik: "Con Graham
Sophia: "¿De verdad con Graham? ¿A qué hora? ¿Suele estar en casa? ¿Cómo lo sabes?
Henrik: "Él me lo dijo".
Sophia: "Así que he estado fuera de la ciudad durante dos días. Tampoco puedo decir nada al respecto... ¿Dónde estaba Graham cuando sucedió?
Henrik responde de nuevo más tarde.
Henrik: "Estaba en el trabajo... como casi todas las mañanas
Sophia: "¿Graham está trabajando en este puesto otra vez?"

(El vecino de Sophia del apartamento de enfrente también se llama Graham)
Henrik: "No, no me refiero a tu vecino de enfrente. En el pasillo entre nosotros también hay un Graham..
Sophia: "Oh, ok... ¿qué fue robado?"
Henrik: "Su Nitendo y su TV. Por lo general, va a trabajar a las cinco de la mañana. Pero ninguno de los vecinos supuestamente escuchó nada. Eso realmente no es agradable. Si escuchas algo, al menos puedes decirle a alguien.
Sophia: "¿Pero cómo sabes que él siempre está en el trabajo tan temprano? ¿Tienes mucho que ver con él?"
Henrik: "Él me dijo... Su puerta fue pateada".
Sophia: "Está bien, sí, no puedo decir... me gustaría dormir ahora... nos vemos luego"
Henrik: "Está bien, buenas noches... hasta luego"
Sofía: "Adiós".

Vokabeln:

(la)ciudad	(die)Stadt
(el)aeropuerto	(der)Flughafen
(la)maleta	(der)Koffer
(el)toallo de mano	(das)Handtuch
(la)cuenta	(die)Rechnung
responder	antworten
(la)silla	(der)Stuhl
(el)lapíz	(der)Stift
(la)mesa	(der)Tisch

(las)noticas	(die)Notitzen
(el)desperador	(der)Wecker
llevantarse	aufstehen
beber	trinken
(la)comida	(das)Essen
(la)cama	(das)Bett
enfrente	gegenüber
envíar	schicken
(la)planta	(die)Pflanze
(el)árbol	(der)Baum
(el)extranjero	(das)Ausland
(la)manta	(die)Decke
(las)direcciones	(die)Wegbeschreibung

Grammatikteil:

Die Reflexivpronomen

(yo)	me
(tú)	te
(él, ella,usted)	se
(nosotros)	nos
(vosotros)	os
(ustedes)	se

Beispiele:
- Luiz se pone una camisa

- Ellos se ponen una chaqueta, porque está frio.
- Este día te despiertas muy temprano.
- Este día te levantas temprano.

In Verbindung mit dem Infinitiv wir das Reflexivpronomen an den Infinitiv drangehängt
Beispiele:
- Este día Luiz no quiere levantarse temprano.
- Este día Luiz quiere ponerse una camisa azul

Einige Verben gibt es als Reflexivform und ohne Reflexivform. Dementsprechend ändert sich auch die Bedeutung
Beispiel:
- **Luiz pone la botella en la mesa. (Luiz stellt die Flasche auf den Tisch)**
- **Luiz se pone una chaqueta. (Luiz zieht sich eine Jacke an)**
-

(Das Reflexivpronomen **se** nicht mit dem indirekten Objektpronomen **se** (le, les und direktes (Objektpronomen(lo, la) wirdzu **se**) verwechseln

Beispiel:
- „Luiz le dio el lápiz?" – „**Se** lo dio." (Hier indirektes Objektpronomen)

Capítulo 6

Quizás la distancia a este lugar le hizo bastante bien a Sophia. Le gusta este país y decide ver algunos lugares de interés. Al menos no siempre le recuerda los incidentes... Habla un poco el idioma y conoce gente... Primero busca un restaurante porque tiene un poco de hambre..Finalmente encuentra una pizzería no muy lejos cerca de un parque.

Diálogo:
Camarero: "Hola, ¿cómo estás? ¿Algo para beber o comer?
Sophia: "Sí, me quedo con...
Camarero: "Sí, con mucho gusto..
Unos minutos más tarde..
Camarero: "Aquí está la comida. Puedes traer los cubiertos al frente. ¿Le gustaría otra bebida?"
Sophia: "Está bien, no gracias".
..
Sophia: "¿Puedo pagar? ¿Cuánto cuesta?"
Camarero: "Claro, aquí tiene la cuenta..esto hace..
Sophia: "Está bien y una propina..¿puedo pagar con tarjeta?"
Camarero: "Claro... gracias".
Sophia: "Gracias... adiós".

A Sophia le gusta el clima, pero es un poco cálido. Decide comprar una bebida fría y fruta antes de ir a un museo.

Diálogo:
Sophia: "Me gustaría una botella de agua, dos manzanas y un albaricoque... gracias".
Dueño de la tienda: "Me encantaría... Aquí tienes... estos son entonces...

Más adelante en el museo hay algunas exhibiciones, incluidos algunos manuscritos..Dado que hay muchos lugares interesantes en la ciudad, Sophia está ocupada haciendo turismo la mayor parte del día y obtiene nuevas impresiones. Henrik no había escrito desde ayer, por lo que primero todos, los incidentes ya no se recuerdan. Decide terminar la velada en la azotea de su hotel y lee brevemente sus correos electrónicos. Después de escribir algunos correos electrónicos, puede descansar un poco porque mañana quiere llevantarse temprano.

Vokabeln:

(la)fruta	Obst
(las)verduras	Gemüse
(el)cuchillo	Messer
(el)tenedor	Gabel
(la)cuchara	Löffel
(los)platos	Geschirr
(la)cuchillería	Besteck
(la)fresa	Erdbeere
(la)manzana	Apfel
(la)naranja	Orange
(la)cerveza	Bier
(el)vino	Wein
tomar(algo)	(Alkohol)trinken
(el)país	(das)Land
(la)leche	Milch
(la)pasta	Nudeln
(las)patatas	Kartoffeln
(el)arroz	Reis
(la)comida picante	scharfes(Essen)
(la)salsa	Soße
en la mañana	morgens
En la tarde	nachmittags

Grammatikteil:

Possesivpronomen

Singular	Plural
mi	mis
tu	tus
su	sus
nuestro	nuestros
vuestro	vuestros
su	sus

Beispiele:
- tus zapatos
- sus camisas
- su lápiz

Demonstrativpronomen

Fem.   esta   Pl. estas

Maskul. este   Pl. estos

Neutr. esto

Beispiele:
- Esta ciudad tiene un parque.
- Estas camisas son azules.

- Esto es Luiz
- "Esto o esta bolsa?" – „la azul."
- Estos árboles están en el parque.
- Este árbol es grande.

Wenn sich jemand oder estwas weiter weg befindet

Fem.	esa	Pl. esas
Maskul.	ese	Pl. esos
Neutr.	eso	

Capítulo 7

Sophia disfruta de su tiempo en el extranjero. Sin embargo, lo de Henrik no la deja en paz. Este evento fue en el otoño del año pasado, después de que Jeremy ya había desaparecido. Ese día, Henrik ya estaba un poco irritable por la tarde. Los dos se habían encontrado en el pasillo y Sophia le había dicho que le gustaría conducir hasta un laberinto de campo más tarde. Sophia sabía que Henrik había estado irritado con ella durante mucho tiempo, pero no pensó en nada..al principio.. Sin embargo, ella le había preguntado si Henrik quería venir porque quería hacer algo afuera. Sophia estaba a menudo en el extranjero y solo se lo contó más tarde, pero su comportamiento realmente no podía tener nada que ver con el compartimiento de Henrik. Ese día, Henrik estaba parado afuera en el pasillo con Lucas. Después de que Sophia le contó a Henrik su plan de ir al laberinto de campo, estuvo en la ciudad por unas horas y cuando llegó a casa llamó a Henrik. Fue a su celular inmediatamente y de alguna manera irritado, como si ya hubiera esperado su llamada.

Diálogo:
Henrik: "¿Sí?"
Sophia: "Hola... ya estoy en casa".
Henrik: "Está bien, pasaré..."
Henrik aparece en casa de Sophia cinco minutos después.
Henrik: "Está bien, ¿estás listo? Entonces podemos comenzar de inmediato ..."
Sophia: "Sí, solo un momento... solo tengo la llave de mi auto... tiene que estar en alguna parte".
Henrik: "¿Por qué las llaves del auto? ¿No deberíamos ir con bicicleta?"
Sophia: "No, pronto oscurecerá..."

(A Henrik no parece gustarle eso)

Henrik: "Bueno, solo me llevaré mi llave. ¿Por qué llevas tu bolsa contigo? No lo necesitas.

Sophia: "Usualmente llevo mi bolso conmigo... está bien, podemos empezar de inmediato..."

Henrik: "Oh, bonita chaqueta blanca... camuflaje jaja... ¿es nueva?"

Sophia: "No, lo he tenido durante mucho tiempo... está bien, podemos irnos".

Sophia y Henrik se dirigen al auto. Sophia se da cuenta de que Henrik está algo irritado y realmente quiere ir... pero al principio no le da importancia..Hoy está nublado y parece que va a llover un poco. Cuando Sophia y Henrik están afuera en el estacionamiento, Sophia y Henrik de repente ven a un vecino. Estaba en su bicicleta y parece que está orinando en un árbol... aunque en realidad vive cerca. Henrik hace un breve comentario, pero luego se dirigen al laberinto de campo. En el camino, Henrik sigue preguntando... si el campo está ahí... si el campo está ahí... Sophia encontró esto un poco extraño..Pero no profundizó más, al llegar se encontraron con un laberinto con cultivos bastante altos, frente a este había un campo de flores para recoger uno mismo. Cuando llegaron allí, solo había una mujer allí. Al igual que Sophia, había estacionado en el estacionamiento destinado a visitantes. Luego, la mujer se alejó unos minutos más tarde, dejando a Sophia y Henrik solos en el campo. Henrik tenía prisa por entrar en el laberinto del campo y no quería mirar las flores plantadas frente a él. Sin embargo, según sus propias declaraciones, nunca había estado en el laberinto. Al comienzo del laberinto también había una plataforma elevada desde la que se tenía una buena visión general de todo el campo. Sin embargo, no todo se podía ver bien porque el campo ya había crecido mucho. Sophia y Henrik también estuvieron brevemente en esta tribuna alta porque Sophia nunca había estado allí y también quería obtener una visión general del área. Luego giraron en el laberinto y probaron diferentes direcciones del laberinto..En un momento había un trampolín y había algunos bancos y algunos carteles con cuestionarios. Habiendo llegado al final del laberinto, Henrik de repente tenía prisa por volver a la salida. Al principio, Sophia no sabía qué camino tomar, ya que nunca antes había estado allí. Henrik, por otro lado, parecía conocer el camino. En el laberinto también se exhibieron banderas nacionales individuales. Primero fueron en dirección a la bandera de un país y luego, de repente, Henrik dijo que esa era la dirección equivocada y aparentemente parecía saber el camino correcto hacia la salida... Sophia lo siguió primero..La mirada de Henrik estaba fija..de frente y Sophia notó una irritación subliminal en él..Luego enfatizó de nuevo que ese es el camino correcto y luego de repente dijo que ya había alguien en la tribuna alta. Sophia ni siquiera se había fijado en la persona. Desde la distancia se podía ver a alguien en la tribuna alta. La persona se había puesto un suéter negro con capucha sobre su cara y no podías ver su cara, en parte porque estaban aún más lejos. Aparentemente, la persona estaba buscando a alguien en el campo y parecía estar observando a Henrik y

Sophia. La situación le parecía extraña a Sophia y quería salir de allí lo antes posible, a Henrik en cambio no parecía importarle..A medida que se acercaban, la persona se agachó y ya no se podía ver a la persona en la grada alta, ahora estaban parada directamente frente a la tribuna alta en la salida. Tampoco se oía nada en la tribuna alta. De repente, Henrik comenzó a leer la señal de salida en voz muy alta... Sophia le dijo que debería estar tranquilo..pero él no respondió y Sophia trató de esconderse... Henrik no parecía preocupar a la persona en la tribuna alta y no quería los percibe como peligrosos o no los percibe como peligrosos. Cuando Sophia no vio nada más en la plataforma, decidió correr hacia el automóvil..Cuando se dio la vuelta, varias personas con suéteres negros con capucha aparecieron repentinamente en la plataforma elevada, quienes seguían agachándose mientras ella se daba la vuelta. Finalmente, se subió al automóvil y cerró la puerta.. Antes de entrar, había visto un automóvil en lado del campo que no estaba estacionado en el estacionamiento destinado al laberinto, por lo que desafortunadamente no podía ver la placa..Mientras tanto, solo una persona podía ser vista de nuevo en la plataforma alta, parecía estar aparentemente desconcertada y obviamente tampoco sabía exactamente lo que estaba pasando... Henrik caminó muy lentamente hacia el auto y finalmente se subió...Entonces Sophia y Henrik condujeron rápidamente hacia la calle principal..Primero quería pasar por delante del coche mal aparcado debido a la placa, pero a ella también le parecía un poco peligroso..En el camino tal vez le molestó que Henrik no percibiera la situación como peligrosa o no quería percibirlo..Las personas en la plataforma elevada todavía los cuidaban.. Luego solo dijo que había algunas personas que también querían mirar el laberinto..

Diálogo:
Henrik: "Oh, solo eran personas al azar... pero estoy sudando mucho... ¿tú también estás sudando mucho?
Sophia: "No, no eran personas cualquiera... Solo quiero irme de aquí ahora...

Cuando regresó a casa, Sophia vio que Cathrine estaba en línea en Messenger y comenzó a contárselo. Después de calmarse un poco, se dio cuenta de que Henrik podría tener algo que ver con las personas en la tribuna alta. De todos modos. se comportó de manera llamativa en algunas cosas..Y también prefirió ir con bicicleta..¿Tiene esto algo que ver?

Diálogo:
Sophia: "Oh, algo acaba de suceder en el laberinto de campo... No sé qué pensar al respect..Tal vez debería informar a la policía... Parece que Henrik tuvo algo que ver con eso, pero tampoco estoy del todo seguro y, lamentablemente, no tengo la placa del coche...
Cathrine: "Oh, definitivamente fueron solo algunas personas..Puede que estés leyendo demasiado..¿Por qué Henrik debería tener algo que ver con el asunto? No sé, podrían haber estado allí por accidente".
Sophia: "Hmm... sí, podría ser..O tal vez nos confundieron o estaban esperando a alguien más. Pero

Henrik se ha comportado un poco llamativamente. Entre otras cosas, me preguntó por qué me llevaba la bolsa y luego algunos otros comentarios... Yo tampoco sé... bueno, no importa..Intentaré dormir primero.
Cathrine: "Está bien... hazlo. Puedes ponerte en contacto
Sophia: "Está bien... adios

Frage:
Eine Sache auf dem Parkplatz kam Sophia verdächtig vor, warum sie unteranderem meint, dass Henrik was mit der Sache zu tun haben könnte?Wissen Sie welche?

Vokabeln:

(el)laberinto de campo	**(das)Feldlabyrinth**
(la)ciudad	**(die)Stadt**
(el)celular	**(das)Handy**
(la)bicicleta	**(das)Fahrrad**
(la)chaqueta	**(die)Jacke**
oscuro	**dunkel**
(el)estacionamiento	**(der)Parkplatz**
(el)grano	**(das)Getreide**
(el)campo	**(das)Feld**
(la)plataforma elevada	**(der)Hochstand**
(los)carteles	**(die)Schilder**
agacharse	**(sich)ducken**
intentar	**versuchen**
(la)salida	**(der)Ausgang**
(la)placa	**(das)Nummernschild**
(la)bandera	**(die)Fahne**

Der Gebrauch von estar und ser

Mit ser beschreibt man unveränderliche Gegebenheiten oder Eigenschaften wie z. B (Charaktereigenschaften, Name, Identität oder Herkunft)
Beispiel:
- Luiz es de España.
- Él es escritor
- Esto es el lapiz de Luiz.
- Estos platos son de esta region.
- Este parque es interesante.
- Esto es Luiz.
- Esta ciudad es grande.
- La camisa es azul.

(Luiz ist kalt ->Luiz hace frio)

Mit estar beschreibt man veränderliche Gegebenheiten (z.B Eigenschaften einer Person) oder man gibt an wo sich jemand oder etwas befindet
- Esta camisa está demasiado corta.
- La pasta está un poco frio.
- Estos arbóles están en el parque.
- Luiz está aburrido
- El cine está cerca del parque.
- Luiz está de acuerdo con esto.
- El parque está enfrente del edificio.

Weitere Beispiele für Eigenschaften
- Luiz tiene pelo corto.
- Este hombre lleva gafas del sol.
- Luiz tiene razon. (Luiz hat recht)

Der Gebrauch von hay

Mit hay kann man die Gegebenheit einer Sache oder Ort beschreiben
Beispiele:
- En esta ciudad hay tres parques.
- En esta ciudad hay muchos árboles.
- En este calle hay tres tiendas.

Capítulo 8

Sophia está de vuelta en Alemania y tiene algunas cosas que hacer primero. Ella sigue con sus actividades habituales, pero el asunto con Henrik no la deja en paz... Los eventos en los que Henrik está involucrado van en aumento y ahora ella tiene una impresión diferente de Henrik... Al principio Henrik era bastante agradable, pero a menudo hizo comentarios burlones no solo hacia ella. Ya había hecho estos comentarios con Cathrine, pero ella parecía estar defendiéndolo de alguna manera.Después de todo, Henrik había golpeado a Bob con el plato, Jeremy había desaparecido, la historia sobre el laberinto del campo y luego el robo a uno de sus vecinos. Entonces Sophia recuerda que Henrik le contó historias del pasado que ya no sabe qué pensar, entre otras cosas, le contó que un vecino del otro edificio de enfrente le había quitado una llanta a la bicicleta de Henrik..Henrik solía tener su bicicleta en el patio, en un lugar reservado para bicicletas. Este vecino supuestamente montó su rueda delantera en su bicicleta y la llanta de su bicicleta en la delantera de Henrik .. ¿Pero quién quiere ir con dos llantas diferentes? ¿Y por qué este vecino debería hacer eso? Henrik solo dijo que su bicicleta tenía buenas llantas. Como Henrik afirmó que esta es su bicicleta (o tiene el recibo de compra del número de chasis de su bicicleta), finalmente consiguió la llanta..El vecino a quien inculpó que habría reaccionado irritado y preguntó cuál era el punto.

Entonces probablemente dijo que esta era su bicicleta con sus llantas... Mientras tanto, Sophia ya no sabe qué pensar de ella tampoco.. ¿Será tal vez el mismo Henrik? Después de todo, Henrik tiene las herramientas para ello en casa.. La otra historia por la que Sophia ahora tiene dudas sobre su credibilidad es que Henrik solía tener una discusión con otro inquilino en otra parte de la ciudad..Entonces probablemente habría pateado la puerta de este vecino. Henrik lo niega, aunque hubo un testigo que también declaró en su contra. En cualquier caso, Henrik niega haber pateado la puerta y lo de la bicicleta..Ha tenido su bicicleta en su apartamento desde entonces, por lo que Sophia no sospechó al principio..Y luego las cosas con el enorme congelador que Henrik una vez tuvo en su apartamento... pero ella tampoco quiere leer demasiado en el asunto..Entonces Sophia recuerda una conversación con su vecino del apartamento de enfrente, llamado Graham. Cuando sucedió la historia con el campo, su vecino de alguna manera se enteró y luego apareció a ella un poco más tarde. Aparentemente quería saber qué estaba pasando.

Diálogo:
Graham: "¿De dónde eres? ¿Fuiste a algún lado con Henrik?"
Sophia: "Sí, estábamos en este campo laberinto... y de repente aparecieron estas personas..."
Graham: "Oh, ¿y crees que Henrik tiene algo que ver con eso? Oh, no lo hace... probablemente quería sorprenderte con algo..."

Sophia: "Oh, no sé... de alguna manera creo que tal vez no tenían nada bueno planeado y de alguna manera no es que estuvieran allí por accidente..y no sé que personas eran allí..

Graham: "Oh, como si Henrik estuviera planeando algo así... podrías meterte en algo...

Sophia: "Sí, puede ser..."

Más tarde esa misma noche, ven a Lucas en el pasillo... Sophia espera que él no haya escuchado nada de la conversación..Ella tenía una impresión similar de Henrik de antemano, pero después de que los eventos se acumularon, tampoco supo más qué hacerpiénsalo..

Vokabeln:

(el)asunto	(die)Sache
(la)llanta	(der)Reifen
(el)patio	(der)Hof
(la)rueda	(das)Rad
negar	verneinen,bestreiten
(la)repuesta	(die)Antwort

Grammatikteil:

Die Ordnungszahlen

1° primero, -a
2° segundo, -a
3° tercero, -a
4° cuatro, -a
5° quinto, -a
6° sexto, -a
7° séptimo, -a
8° octavo, -a
9° noveno, -a
10° décimo, -a

Beispiele:
- la primera calle
- el primer día
- el segundo día
- el tercer día
  (aber: "qué día?" – "el tercero.")
- los primeros días

(Die Ordnungszahlen stehen vor dem Substantiv und **primero** und **tercero** werden im Zusammenhang mit einem Substantiv zu **primer** und **tercer** verkürzt)

alemán,alemana	Deutscher,-e
americano/-a	Amerikaner/-in
estadounidense	Amerikaner-in
francés/francesa	Franzose/-in
inglés/inglesa	Engländer/-in
italioano/-a	Italiener/-rin
mexicano/-a	Mexikaner-in
hondureño/-a	Honduraner/-in

Beispiele:
- Él es alemán
- Ella es alemana
- Ella es de Francía
- Él es inglés
- Ellos son franceses
- Ella está en Inglaterra

Capítulo 9

Sophia está ocupada con algunas cosas y ocasionalmente se hace cargo de algo por la noche en la ciudad. Los eventos con Henrik parecen haberse olvidado al principio. De vez en cuando habla con Cathrine al respecto, pero ella dice que a Henrik le gusta provocar a la gente pero que no haría nada más.

Anthony, con quien Cathrine también tiene más que ver también vive en la zona y conoce un poco a Hernik..Tampoco tiene muy buena opinión de Henrik.. Pero por lo demás, como dice, no tiene mucho que ver con él.. De vez en cuando los dos se ven en el autobús... Sophia notó que Henrik y Anthony a veces tienen el mismo estado en Messenger... Cathrine dice que esto es solo una coincidencia... Los dos casi no tienen nada que ver el uno con el otro. .Durante este tiempo las peleas entre Bob y Henrik vuelven a aumentar. Aunque Henrik fue absuelto por la historia del plato, todavía Bob parecía estar enojado, por lo que los dos se enfrentaron una y otra vez. Cuando los dos se veían, Bob insultaba a Henrik de vez en cuando, lo que hacía que Henrik se sintiera ofendido... De todos modos, parecía que uno de los dos se mudaría pronto... Algunas personas se habían mudado últimamente, en parte debido a eso, ahí Henrik se quejaba de vez en cuando.. Un día, Sophia estaba arriba en su apartamento y escuchó una pelea entre Henrik y un vecino que no conocía hasta ahora. Henrik aparentemente está enojado porque el vecino fuma Sishara en su apartamento y el humo entraría al apartamento de Henrik por la ventana. Henrik probablemente ya estaba en el apartamento de este vecino en la planta baja y había llamado a su puerta y se había quejado. Al parecer, este vecino se sintió amenazado..Ese día, Sophia escuchó que la policía llegaba al edificio y les preguntaba a los dos qué estaba pasando. Cuando escuchó eso, se enojó..y fue al patio donde se occuró la conversación..no puede entender por qué está llamando a la policía por algo así.. Cuando ella llega abajo, defiende a este vecino y le dice que no pasaría nada si él inhalara el humo de vez en cuando... Henrik no la miró muy amistosa y continuó hablando... Sophia luego volvió a su apartamento y vio que la policía se iba de nuevo y dijo que deberían arreglarlo entre ellos... Aproximadamente una hora más tarde, cuando Sophia estaba viendo un poco de televisión, Henrik la llamó...

Diálogo:
Henrik: "¿Qué se suponía que significaba eso? No creo que esté bien.
Sophia: "Sí, haces cosas así todo el tiempo y luego te quejas de algo así... No creo que esté bien... a veces me parece que lo haces más para provocar a la gente... pero yo tampoco lo se
Hernik: "El humo simplemente me molesta... No lo volvería a hacer si fuera tú... No he hablado contigo durante mucho tiempo... déjalo así".
Sophia: "Sí, ¿qué está pasando allí? Pateas las puertas de los demás y no dices la verdad... ¿Qué deberías pensar de eso?"
(Henrik reacciona irritado)
Henrik: "No tengo la puerta de nadie.. (luego interrumpe brevemente).. No interfieras en mis asuntos.. No te metas en mi camino por la noche".
Sophia: "¿Dónde no debo interferir?"
(Henrik repetidamente enojado)
Henrik: "No interfieras en mis asuntos... Eso es negación... Además, el vecino de abajo llamó a la policía

porque se sintió amenazado... Voy a colgar ahora. Eso no estuvo bien... adiós
Sophia: "Está bien, no interferiré más... adiós".

Vokabeln:

aumentar	zunehmen
casi	fast
(la)coincidencia	(der)Zufall
occurar	stattfinden,(sich)ereignen
(la)puerta	(die)Tür
colgar	auflegen
interferir	(sich)einmischen

Grammatikteil:

Die Verneinung
Stehen Wörter, die zur Verneinung verwendet werden **hinter dem Verb**, muss zusätzlich vor dem Verb **no** stehen **(doppelte Verneinung)**

Beispiele:
- Luiz nunca fue en Italia.

Pero:
- Luiz **no** fue nunca en Italia.
- **No** supo nada de esto.
- Luiz **no** fue nunca en este lugar.

Weiteres Beispiel zur Verneinung
- Luiz tampoco conoce este parque.

El restaurante,comida

(el)tenedor	Gabel	(la)cuchara	Löffel
(el)cuchillo	Messer	(la)bebida	Getränk
(el)plato	Teller	(el)vaso	Glas
(la)botella	Flasche	(el)menú	Das Menü
(la)mesa	Tisch	(la)sopa	Suppe
(los)platos	Geschirr	Camarero/a	Kellner-in
(las)frutas	Obst	(los)vegetales	Gemüse
(el)carne	Fleisch	(la)salsa	Soße

Beispiel:
- Hola..algo para comer y tomar?-Si,yo tomo..
  (Hallo,etwas zu trinken oder zu essen?ja,ich
  nehme..)

Kleidung,(la ropa)

(la)camisa	T-shirt	los pantalones	Hose (istPl.)
(el)vestido	Kleid	(el)jersey	Pullover
(los)vaqueros	Jeans(Pl.)	(la)chaqueta	Jacke
(los)zapatos	Schuhe(pl.)	(los)calcetines	Socken

Beispiele:
- Luiz lleva una camisa azul
- Luiz tiene una chaqueta roja

48

Capítulo 10

Sophia decide dejar pasar todo el asunto con Henrik. Jeremy no ha aparecido desde entonces. Por el momento, no puede averiguar qué le sucedió o si le sucedió algo en absoluto. Tal vez podría presentar un informe de personasdesaparecidas con la policía, pero incluso entonces es posible que no lo estén buscando. Bueno, Henrik definitivamente al principio había mencionado que Jeremy no había vuelto a aparecer, de lo contrario, probablemente Sophia no lo habría notado de inmediato o no se lo habría recordado una y otra vez... Bueno, y luego estaba el asunto con el laberinto de campo.. Así es como consiguió una nueva impresión de él.. Entonces Sophia recuerda una llamada telefónica al día siguiente.. Lo llamó para decirle que estaba con la policía, entre otras cosas para probar cómo reacciona y cómo él se comporta después. Ella también quería que Henrik no volviera a intentar algo así si tenía algo que ver con el asunto.. Si está advertido, puede que lo deje pasar, pero tampoco puedes estar seguro de eso.

Diálogo:
Sophia: "¿Qué eran esas personas allí ayer? Cuando la situación era un poco amenazante... aparentemente nos estaban observando".

Henrik: "Oh, no tengo idea. Eso no fue nada... Fueron solo personas al azar".

Sophia: "No tengo idea... No sé... Definitivamente debería hacer una declaración... Desafortunadamente no tengo la placa..

Henrik: "¿Qué dijiste? ¿Dijiste que yo estaba allí y mencionaste mi nombre?"

Sophia: "Sí, mencioné que estabas allí".

Henrik: "Está bien, entonces probablemente me invites a hacer una declaración

Entonces Henrik pregunta en voz baja.

Henrik: "¿De verdad le dijiste a alguien que íbamos al campo?"

Sophia: "Sí, en realidad solo tú, Lucas y...

Henrik: "¿De verdad le dijiste a Cathrine sobre eso? Tal vez ella tenga algo que ver con eso..

Sophia: "No... no lo hice".

Henrik: "Sí, no tengo ni idea..¿quisieron saber algo más?"

Sophia: "No... en realidad no".

Henrik: "está bien..colgaré ahora... solo estoy de compras".

Sophia: "Está bien... adiós".

Después de la conversación, Sophia notó que Henrik no estuvo afuera muy a menudo en las semanas siguientes, pero eso tampoco tenía necesariamente nada que ver con este asunto. Mientras tanto, ya casi no tenía nada que ver con Henrik. Cuando se veían, él casi siempre la ignoraba o la evitaba..Luego, Sophia recuerda una situación cuando regresó del extranjero. Este robo había tenido lugar en casa de su vecino y Henrik había discutido con el vecino sobre el humo. Entonces Sophia había interferido y Henrik la había llamado más tarde enojado.. Él dijo que ella no debería involucrarse. En cualquier caso, Sophia estaba afuera un día con este vecino que tuvo el robo y Graham con su vecina del apartamento de enfrente y hablaron. Henrik de alguna manera se dio cuenta de eso y luego, enojado, pasó junto a ella cuando Sophia estaba de vuelta en el edificio..Luego se fue a los otros vecinoscon los que había estado hablando..¿Quizás querría comprobar lo que dijo? Pero tal vez solo le pareció así a ella.. En cualquier caso, no puede aclarar el asunto con Jeremy y el laberinto de campo por el momento..y decide dejar el asunto en paz por ahora..Ella no siempre quería que se lo recordaran y es posible que el asunto pronto se resuelva por sí solo... o tal vez alguien pueda decirte algo al respecto..

Vokabeln:

averiguar	festellen
invitar	einladen
(el)robo	(der)Raub
aclarar(el asunto)	(die Sache)klären
resolver	lösen
comprobar	überprüfen
algo	etwas

Grammatikteil:
Monate

Januar	enero	Februar	febrero
März	marzo	April	abril
Mai	mayo	Juni	junio
Juli	julio	August	agosto
September	septiembre	Oktober	octubre
November	noviembre	Dezember	deciembre

Die Farben (los colores)

blau	azul	grau	gris	braun	marrón
grün	verde	schwarz	negro, -a	gelb	amarillo,-a
rot	rojo,-a	weiß	blanco, -a	orange	naranjo,-a

(Die Farben sind Adjektive und stehen hinter dem Verb)
Beispiele:
- tres camisas azules
- tres vasos rojos
- tres cucharas rojas
- un papel blanca

(Bei Personen muss dementsprechend drauf geachtet werden ob die Person weiblich oder männlich ist)

Beispiel:
- Luiz: „Yo estoy aburrido"
- Elena está aburrida

Adverbien sind unveränderlich und können ein Adjektiv oder Verb ergänzen
Beispiele:
- Este arból es **muy** alto
- El animal mueve **rápidamente**
  (Adjektiv:el animal es **rapido**)

Die Präposition **en** kann mehrere Bedeutungen haben
- en la calle (in der Straße)
- en la mesa (auf dem Tisch)
- en el árbol (auf dem Baum)

Die Präposition **de**
- La tienda está abierta de diez a ocho
- Un kilo de manzanas
- El lapiz es de Luiz
- Las personas limpian este lugar de dentro hacia afuera

Antworten auf die Fragen aus den Kapiteln eins, drei und sieben...

Antwort Kapitel 1:
Eric scheidet als Verdächtiger aus, da er zu der Zeit als Jeremy verschwunden ist nicht zu Hause bzw. bei der Arbeit war..

Antwort Kapitel 3:
Jeremy hat beobachtet, wie Henrik Bob anscheinend einfachso auf den Kopf geschlagen hat und wäre ein möglicher Zeuge gewesen..

Antwort Kapitel 7:
Der Nachbar der an den Baum uriniert hat wohnt eigentlich direkt in der Nähe..eigentlich hätte er auch ins Gebäude gehen können..Er kennt Henrik auch..Ob er was mit der Sache zu tun hat?

Kapitel 1

Zwei Nachbarn treffen sich an einem gewöhnlichen Nachmittag auf der Straße und unterhalten sich. Henrik ein Elektriker, der gerade auf Arbeitsuche ist erzählt Sophia, dass Jeremy, ein Nachbar von ihnen aus ihrem Gebäude, verschwunden ist und alle seine Sachen im Appartement gelassen hat..Jeremy wohnte in dem gleichen Flur wie Henrik. Sophia wohnt noch nicht sehr lange in der Stadt. Jeremy hätte wohl alle seine Sachen da gelassen und niemanden Bescheid gesagt. Er hätte wohl später nur eine SMS geschrieben, dass er nicht mehr wiederkommt.

Dialog:
Henrik: „Hallo, wie geht's? Hast du schon gehört, dass Jeremy verschwunden ist?"
Sophia: „Nein, hab ich nichts von gehört. Sag mal weißt du wie spät es ist? Ich würde gerne noch einkaufen..
Henrik: „Ja, es ist viertel vor sieben..Okay, ich komme mit.
Sophia: „Seit wann ist er denn verschwunden?
Henrik: „Ich weiß nicht genau. Seit gestern zwischen zwölf und sechs nehme ich an. Sein Bruder hat es mir erzählt. Er hat nur eine SMS geschrieben, dass er nicht mehr wiederkommt.
Der Nachbar, Eric, arbeitet immer von elf bis sieben und als er wiedergekommen ist und bei Jeremy geklingelt hat, um zu fragen, ob eins seiner Pakete angekommen ist hat er schon nicht mehr aufgemacht.

Sophia: „ Ja keine Ahnung. Er meldet sich vielleicht bald noch einmal oder kommt bestimmt noch mal vorbei.
Henrik: „Er hat auf jeden Fall seine Sachen da gelassen. Dann guckt Henrik sie mit einem Grinsen an und sagt..

Henrik: „Vielleicht ist ihm ja etwas passiert oder vielleicht haben sie ihm was angetan.
Sophia: „Wen meinst du mit „sie"? Ich würde jetzt erst einmal abwarten. Er meldet sich bestimmt wieder.

Frage:
Wenn alle Beteiligten die Wahrheit sagen scheidet eine Person, die mit dem Verschwinden was zu tun haben könnte aus. Erraten Sie welche?

Kapitel 2

Es sind einige Wochen vergangen und Jeremy ist immer noch nicht aufgetaucht. Sophia überlegt sich, ob ihr Nachbar Henrik vielleicht etwas mit der Sache zu tun haben könnte. Seit einigen Tagen verbringt er sehr viel Zeit mit einem anderen Nachbarn namens Lucas, der auch bei ihm auf dem Flur wohnt..Lucas ist in dem Mensa-Veren aber verbringt genau wie Henrik viel Zeit am Computer. Henrik hat Sophia gesagt, dass Jeremy angeblich noch Kontakt zu Lucas hätte. Um herauszufinden, ob das die Wahrheit ist denkt sich Sophia eine Geschichte mit einem angeblich verschwundenen Paket aus und fragt Jeremys Bruder nach der Nummer von Jeremy.

Einen Tag später sieht Sophia Henrik und Lucas zufällig draußen. Anscheinen hatte Jeremys Bruder den beiden erzählt, dass Sophia nach der Nummer von Jeremy gefragt hat..

Dialog:
Sophia: „Hi, wo kommt ihr denn her?"
Henrik: „Wir waren gerade beim Briefkasten..
Sophia: „Lucas hast du eigentlich noch Kontakt zu Jeremy?"
Lucas: „Ja, ein bisschen..warum fragst du?"
Sophia: „Ich habe eine Karte vom Paketdienst bekommen, in der stand, dass Jeremy wohl vor längerer Zeit ein Paket von mir angenommen hat..
Lucas antwortet etwas gereizt..
Lucas: „Ja ich weiß. Jeremys Bruder hat erzählt, dass du wegen dem Paket gefragt hast. Ja aber warum fragst du erst jetzt danach? Jetzt auf einmal fällt dir das ein? Das ist doch schon länger her oder nicht?"
Sophia: „Ich habe vor kurzem die Benachrichtigungskarte wiedergefunden und irgendwie hat keiner mehr Kontakt zu ihm."
Lucas: „Wie auch immer..Ich habe mit ihm telefoniert und er hat dein Paket nicht!!
Sophia: „Okay dann hat sich das ja erledigt."
Lucas: „Okay.."

Kapitel 3

Rückblick.:
Sophia erinnert sich an einen Vorfall, der schon länger zurück liegt. Ungefähr vor drei Monaten gab es einen Streit in diesem Gebäude. Ein weiterer Nachbar namens Bob hatte mehrere Flaschen aus seinem Fenster geworfen. Henrik behauptet, dass dieser Nachbar gerne mal was trinkt und sich dann auffällig bzw. daneben verhalten würde. Auf jeden Fall hatten sich dann Henrik und Bob übers Fenster gestritten. Bob wohnt eine Etage über Henrik. Nachdem Henrik Bob provoziert hatte kam dieser wütend durch das Treppenhaus zur Henriks Wohnung. Henrik hatte Bob erwartet und Lucas Bescheid gesagt, damit er, falls etwas passiert, einen Zeugen hat.

Dialog:
Bob: „Was soll das? Lass mich doch in Ruhe und meine Sachen machen..warum mischt du dich ein?"
Henrik: „Mir gefällt der Lärm nicht!!Was treibst du da?

Kurze Zeit später hatte Henrik zu einem Teller gegriffen und Bob damit auf den Kopf geschlagen..Er fühlte sich nach eigenen Angaben bedroht und wollte sich verteidigen. Kurze Zeit später kamen dann Polizei undKrankenwagen..Lucas hatte sie gerufen, da die Situation zu eskalieren schien.

Sophia kam an diesem Tag spät nach Hause. Von draußen hatte sie den Streit zwischen Henrik und Bob noch gehört. Als sie in den Hof kam war dann schon bald die Polizei da. Sie hörte dann wie sie sich über Henrik unterhalten haben und einer meinte ob sie ihn mitnehmen sollen.

In der ersten Etage angekommen sah sie Bob auf den Boden liegen und Henrik war offensichtlich an der Hand verletzt. Er war offensichtlich an der Hand verletzt und war zusammen mit Lucas auf dem Weg ins Krankenhaus..Bob wurde auch ins Krankenhaus gebracht. Kurz danach entschied sie sich noch einmal nach draußen zu gehen um zu gucken ob ihr vielleicht jemand etwas mehr dazu sagen kann. Im Hof unten stand dann auf einmal Jeremy und erzählte, dass Henrik Bob einfachso auf den Kopf geschlagen hat und er auch keine Lust mehr hat sich bei solchen Sachen einzumischen.
Als Sophia wieder in ihrem Appartement war gingen ihr einige Sachen durch den Kopf..was sollte sie von Henrik halten? Er scheint auf jeden Fall ein bisschen gewalttätig zu sein..Und warum brauchte er einen Zeugen falls was passiert? Hatten Lucas und Henrik etwas geplant?
..Nach einigen Monaten kam es dann zu einem Prozess und Henrik wurde freigesprochen..da Lucas als Zeuge gegen Bob ausgesagt hatte und Bob in der Verhandlung ein bisschen aggressiv aufgetreten war.

Frage:
Sophia entdeckt ein mögliches Motiv warum Henrik was mit dem Verschwinden von Jeremy zu tun haben könnte..Wissen Sie welches?

Kapitel 4

Sophia wusste nicht mehr was sie von Henrik halten sollte. Schließlich war er ihr nie gewalttätig gegenüber aufgetreten und außerdem hatte er ihr erzählt, dass es außer Lucas keinen anderen Zeugen gäbe. Mittlerweile zweifelt sie auch daran, ob er in den anderen Geschichten, die Henrik ihr erzählt hat immer die Wahrheit gesagt hat. Später ruft Sophia eine Freundin an um ihr von dem Vorfall zu erzählen. Cathrine kennt Henrik auch, da sie in der Nähe wohnt und sie schon einmal zusammen mit Sophia bei ihm in der Wohnung war. Cathrine meint, dass Henrik gerne Leute provoziere würde und öfters Sachen sagt, um andere damit zu diskriminieren. Ihr gegenüber ist er aber auch Anfangs nett und höflich gegenüber aufgetreten. Sophia meint, dass Henrik an diesem Abend zusammen etwas mit Lucas geplant haben könnte. Lucas ist schließlich auch sein Zeuge, der in der Verhandlung gegen Bob und für Henrik ausgesagt hat unteranderem hatte er erwähnt, dass Bob zuerst angegriffen hat. Sophia erwähnt aber erst einmal nicht, dass Henrik vielleicht etwas mit dem Verschwinden von Jeremy zu tun haben könnte.

Dialog:

Sophia: „Hallo Cathrine, wie geht's?

Cathrine: „Ja soweit ganz gut. Bin ein bisschen müde vom Tag heute und Anthony scheibt wieder Nachrichten und macht michärgerlich."

Sophia: „Okay, hat du ihn nicht in der App blockiert?Bist du noch sauer auf ihn wegen seinem Verhalten an diesem Abend?"

Cathrine: „Ja aber ist jetzt auch erst einmal egal. Und gibt es bei dir etwas Neues?"

Sophia. „Ach, ich weiß auch nicht mehr was ich von Henrik halten soll, wegen dieser Sache, wo er Bob mit dem Teller auf den Kopfgeschlagen hat. Ich habe auch nicht mehr soviel mit ihm zu tun..Aber er ist oft mit Lucs zusammen in der Wohnung..Ich weiß nicht, ob sie da vielleicht etwas planen."

Cathrine: „Ach Henrik hat einfach überreagiert. Er wollte sich wahrscheinlich nur verteidigen..Henrik wurde ja freigesprochen..du kannst jetzt aeh nicht mehr herausfinden was da genau passiert ist..die Sache ist doch jetzt erledigt."

Sophia: „Ja vielleicht hast du Recht..Ich muss jetzt auch noch was für morgen vorbereiten..ich melde mich morgen oder die Tage mal bei dir..bye

Cathrine: „Okay..bye."

Kapitel 5

Sophia hält sich außerdem öfters im Ausland auf. Sie hofft, sich durch den Abstand vielleicht mehr Klarheit über die Sache verschaffen zu können. Sie notiert sich auf einem Blatt ein paar wichtige Punkte..Außerdem hat sie noch ein paar fragen die noch nicht geklärt sind. Hat Jeremys Bruder vielleicht doch etwas mit der Sache zu tun? Immerhin hat er Lucas und Henrik sofort von dem angeblich verschwundenen Paket erzählt. Vielleicht stecken sie unter einer Decke..Außerdem ist ihr aufgefallen, dass Cathrine Henrik öfters verteidigt. Da es schon etwas später ist und Sophia schon etwas müde ist würde sie jetzt erst einmal gerne schlafen, als plötzlich Henrik ihr eine Nachricht schickt.

Dialog:
Henrik: „Hallo, Sophia wie geht es dir?Bist du nicht zu Hause?
Sophia: „Danke gut nein bin unterwegs..Warum?Ist etwas passiert?
Henrik: „Wo bist du denn?"
Sophia: „Ist jetzt auch egal. Erzähl ich dir morgen. Es ist schon später hier und ich würde jetzt gerne schlafen..bis morgen
Henrik: „Okay wie du meinst. Kannst es doch einfach sagen..Auf jeden Fall wurde bei deinem Nachbarn eingebrochen
Sophia: „Bei wem?"
Henrik antwortet erst eine Stunde später..
Henrik: „Bei Graham

Sophia: „Echt bei Graham?Um wieviel Uhr denn?Er ist doch meistens zuHause?Woher weißt du das denn?
Henrik: „Hat er mir erzählt."
Sophia: „Also bin seit zwei Tagen nicht in der Stadt. Kann auch nichts dazu sagen..Wo war Graham denn als es passiert ist?
Henrik antwortet wieder erst später..
Henrik: „Er war arbeiten..wie fast jeden morgen
Sophia: „Graham arbeitet wieder in dieser Stelle?"
(Sophias Nachbar von gegenüber heißt auch Graham)
Henrik: „Nein ich meinte nicht deinen Nachbarn von gegenüber. Im Flur zwischen uns gibt es auch einen Graham..
Sophia: „Achso..ok..Was wurde denn geklaut?"
Henrik: „Seine Nitendo und sein Fernseher. Er geht meistens schon um fünf Uhr morgens arbeiten..Aber keiner von den Nachbarn hat angeblich etwas gehört..das ist doch echt nicht nett.. wenn man etwas hört kann man ja wenigstens jemandem Bescheid sagen
Sophia: „Aber woher weißt du, dass er immer sofrüh bei der Abeit ist?hast du viel mit ihm zu tun?"
Henrik: „Hat er mir erzählt..Seine Tür wurde eingetreten."
Sophia: „Okay ja ich kann da nicht zu sagen..würde jetzt gerne schlafen..bis dann"
Henrik: „Okay, gute Nacht..bis dann"
Sophia: „bye."

Kapitel 6

Sophia tat der Abstand zu diesem Ort vielleicht ganz gut. Ihr gefällt dieses Land und sie beschließt sich ein paar Sehenswürdigkeiten anzugucken. Wenigstens wird sie dadurch nicht immer an die Vorfälle erinnert..Siespricht ein wenig die Sprache und kennt Leute..Als erstes sucht sie ein Restaurant, da sie ein wenig Hunger hat..Schließlich findet sie nicht weit entfernt eine Pizzeria in der Nähe eines Parks.

Dialog:
Kellner: „Hallo, wie gehts? Etwas zu trinken oder zu essen?"
Sophia: „Ja, ich nehme..
Kellner: „Ja, sehr gerne..
Einige Minuten später..
Kellner: „Hier ist Ihr Essen..das Besteck können sie sich vorne holen. Wollen Sie noch ein weiteres Getränk?"
Cathrine: „Okay, nein danke."
..
Sophia: „kann ich bezahlen?Wieviel kostet es?"
Kellner: „ Klar, hier haben Sie die Rechnung..Das macht..

Sophia: „Okay und ein wenig Trinkgeld..kann man mit Karte bezahlen?"
Kellner: „Klar..vielen Dank."
Sophia: „Danke..bye."

Sophia gefällt das Klima, jedoch ist ihr ein bisschen warm. Sie beschließt sich noch ein kaltes Getränk und Obst zu kaufen, bevor sie ein Museum angucken will.

Dialog:
Sophia: „ Ich hätte gerne eine Wasserflasche, zwei Äpfel und eine Aprikose..danke
Ladenbesitzer: „Sehr gerne..Hier haben Sie..das sind dann..

Später in dem Museum gibt es einige Ausstellungsstücke unter anderem auch einige Manuskripte..Da man es in der Stadt viele interessante Sehenswürdigkeiten gibt, ist Sophia fast den ganzen Tag mit Besichtigungen beschäftigt und gewinnt neue Eindrücke..Henrik hatte seit gestern nicht mehr geschrieben, sodass sie erst einmal nicht mehr an die Vorfälle erinnert wird. Sie beschließt den Abend auf der Dachterrasse ihres Hotels ausklingen zu lassen und liest noch kurz ihre E-Mails. Nachdem sie ein paar E-Mails geschrieben hat kann sie sich ein wenig ausruhen, da sie morgen wieder früh los will.

Kapitel 7

Rückblick zwei..

Sophia gefällt ihre Zeit im Ausland. Jedoch lässt ihr die Sache mit Henrik keine Ruhe..Sie hat schon seit längerem nicht mehr sehr viel Kontakt zu ihm, da es einen weiteren Vorfall gab, von dem sie nicht weiß, was sie davon halten soll. Dieses Ereignis war im Herbst letzten Jahres, nachdem Jeremy bereits verschwunden war. An diesem Tag war Henrik bereits schon Nachmittag ein wenig gereizt. Die beiden hatten sich im Flur getroffen und Sophia hatte ihm erzählt, dass sie später raus zu einem Feldlabyrinth fahren möchte..Sie wusste, dass Henrik sich seit längerem ihr gegenüber irgendwie gereizt verhielt, aber sie hat sich dabei erst einmal nichts bei gedacht..Sie hatte ihn dennoch gefragt ob er mitkommen will weil er gerne draußen etwas unternehmen wollte. Sophia hielt sich zwar öfters im Ausland auf und hatte ihm erst später davon erzählt, aber damit konnte sein Verhalten eigentlich nichts zu tun haben..An diesem besagtenTag stand Henrik draußen mit Lucas im Flur. Nachdem Sophia Henrik von ihrem Vorhaben zu dem Feldlabyrinth zu fahren erzählt hatte, war sie für ein paar Stunden in der Stadt.Als sie wieder zu Hause war rief sie Henrik an. Dieser ging sofort und irgendwie gereizt ans Handy, als hätte er ihren Anruf schon erwartet.

Dialog:
Henrik: „Ja?"
Sophia: „hi..bin jetzt zu Hause."
Henrik: „Okay, ich komme vorbei.."
Henrik erscheint fünf Minuten später bei Sophia..
Henrik: „Okay bist du bereit?Dann können wir sofort los..
Sophia: „Ja, einen Moment..Ich sich nur meinen Autoschlüssel..der muss irgendwo sein."
Henrik: „Warum Autoschlüssel?Sollen wir nicht mit dem Fahrrad fahren?"
Sophia: „Nein, es ist schon bald dunkel.."
(Henrik scheint das nicht zu gefallen)
Henrik: „Also ich nehme nur meinen Schlüssel mit..Warum nimmst du deine Tasche mit?Du brauchst doch keine.
Sophia: „Ich nehme doch meistens meine Tasche mit..Okay wir können gleich los.."
Henrik: „Oh schöne weiße Jacke..Tarnfarbe haha..Ist die neu?"
Sophia: „Ne habe ich schon länger..okay wir können los.."
Sophia und Henrik machen sich auf den Wegzum Auto. Sophia merkt, dass Henrik irgendwie gereizt ist und unbedingt los will..sie denkt sich aber erst einmal nichts dabei..An diesem Tag ist es bewölkt und es sieht ein bisschen nach Regen aus. Als Sophia und Henrik sich draußen auf dem Parkplatz befinden sehen Sophia und Henrik plötzlich einen Nachbarn. Er war mit dem Fahrrad

unterwegs und es sieht danach aus als würde er an einen Baum urinieren..obwohl er ja eigentlich auch direkt dort in der Nähe wohnt. Henrik macht eine kurze Bemerkung dazu, aber dann machen sie sich auch schon auf dem Weg zu dem Feldlabyrinth. Unterwegs fragt Henrik immer wieder nach..ob das Feld dort sei..ob das Feld dort sei..Dies kam Sophia schon ein wenig auffällig vor. Sie ist aber nicht weiter drauf eingegangen..Dort angekommen fanden sie ein Labyrinth mit ziemlich hochgewachsenen Getreide vor.. Davor befand sich ein Blumenfeld zu selber pflücken. Als die beiden dort ankamen befand sich lediglich eine Frau dort. Sie hatte genau wie Sophia auf den für Besucher vorgesehenen Parkplatz geparkt. Die Frau fuhr dann aber auch einige Minuten später weg, sodass sich Sophia und Henrik alleine auf dem Feld befanden. Henrik hatte es sehr eilig in das Feldlabyrinth zu kommen und wollte sich die davor gepflanzten Blumen nicht angucken..Er war aber nach eigenen Angaben vorher nie selber in dem Labyrinth gewesen. Am Anfang des Labyrinths befand sich auch ein Hochstand vom dem aus hatte man einen guten Überblick über das gesamte Feld. Jedoch konnte man nicht alles gut erkennen, da das Feld bereits sehr hochgewachsen war..Sophia und Henrik waren auch kurz auf dem Hochstand, da Sophia noch nie dort war und sich auch einen Überblick von dem Umfeld machen wollte. Danach gingen sie in das Labyrinth und probierten verschiedenen Labyrinthrichtungen aus..An einer Stelle stand ein Trampolin und es waren einige Sitzbänke aufgestellt und ein paar Schilder mit Quizfragen..Nachdem sie am Ende des Labyrinths angekommen waren, hatte es Henrik auf einmal eilig wieder zum Ausgang zu kommen. Sophia wusste erst einmal nicht welchen Weg sie nehmen sollten, da sie ja noch nie da gewesen war. Henrik hingegen schien sich schon ein wenig auszukennen. Im Labyrinth waren auch einzelne Länderfahnen aufgestellt. Erst einmal gingen sie in die Richtung einer Länderfahne und dann auf einmal meinte Henrik, dass dies die falsche Richtung sei und anscheinend schien er den richtigen Weg zum Ausgang zu kennen..Sophia folgte ihm erst einmal..Henriks Blickwar starr noch vorne gerichtet und Sophia bemerkte eine unterschwelligeGereiztheit bei ihm..Dann betonte er nochmals, dass dies der richtige Weg ist und meinte dann plötzlich das da auch schon jemand auf dem Hochstand sein. Sophia hatte die Person erst gar nicht bemerkt. Von weitem konnte man tatsächlich jemanden auf dem Hochstand erkennen. Die Person hatte einen schwarzen Kaputzenpullover weit übers Gesicht gezogen und man konnte das Gesicht unteranderem auch, weil sie noch weiter entfernt waren, nicht erkennen. Offenbar suchte die Person nach jemandem auf dem Feld und sie Schien Henrik und Sophia zu beobachten. Sophia kam die Situation merkwürdigvor und sie wollte soschnell wie möglich dort weg..Henrik dagegen schien es nichts auszumachen. Als sie näher kamen duckte sich die Person und man konnte die Person auf den Hochstand nicht mehr sehen..Sie standen jetzt unmittelbar vor dem Hochstand am Ausgang. Man hörte auch nichts auf dem Hochstand. Henrik fing auf einmal sehr laut an das Ausgangsschild vorzulesen..Sophia meinte, dass er leise sein soll, aber er reagierte nicht darauf und Sophia versuchte sich zu verstecken..Henrik schien die Person auf den Hochstand nicht zu beunruhigen und wollte sie nicht als gefährlich wahrnehmen oder hat sie nicht als gefährlich wahrgenommen..Als auf den Hochstand nicht zu sehen war entschied sich Sophia zum Auto zurennen..Als sie sich umdrehte tauchten auf einmal mehrere Personen mit schwarzen Kaputzenpullovern auf dem Hochstand auf, die sich immer wieder duckten als sie sich umdrehte.Schließlich stieg sie ins Auto ein und schloss die Tür..Bevor sie einstieg hatte sie noch an der Seite des Feldes ein Auto gesehen, das nicht auf dem für das Labyrinth vorgesehenem Parkplatz stand, sodass man das Nummernschild leider nicht erkennen konnte..Mittlerweile war wieder nur eine Person auf dem Hochstand zu sehen, sie schien anscheinendverdutzt und wusste offenbar auch nicht genau was los war..Henrik ging sehr langsam zum Auto und stieg schließlich ein..Dann fuhren Sophia und Henrik schnell auf die Hauptstraße..Sie wollte erst an dem falsch geparkten Auto wegen dem Nummernchild vorbeifahren, aber ihr kam es auch ein wenig gefährlich vor..Auf der Fahrt war sie dann auch vielleicht verärgert, dass Henrik die Situation nicht als gefährlich wahrgenommen hat oder wahrnehmen wollte..Die Personen auf dem Hochstand hatten ihnen noch hinterher geguckt..Er meinte dann nur, dass das irgendwelche Leute wären, die sich auch das Labyrinth angucken wollten..

Dialog:
Henrik: „Ach, das waren nur irgendwelche Leute..aber ich schwitze so..schwitzt du auchso?
Sophia: „Ne das waren nicht irgendwelche Leute..Ich will jetzt einfach hier weg..

Wieder zu Hause angekommen, sah Sophia dass Cathrine beim Messenger online war und sie fing an ihr davon zu erzählen..Nachdem sie sich ein bisschen beruhigt hatte wurde ihr klar, dass Henrik was mit den Leuten auf dem Hochstand zu tun haben könnte..Immerhin hat er sich in einigen Sachen auffällig verhalten..Und außerdem hatte er es auch vorgezogen lieber mit dem Fahrrad zu fahren..Ob dies auch etwas damit zu tun hat?

Dialog:
Sophia: „Ach gerade im Feldlabyrinth ist etwas passiert..Ich weiß nicht was ich davon halten soll. Ich sollte vielleicht die Polizei informieren..Es sieht ein bisschen danach aus, als hätte Henrik etwas mit der Sache zu tun, aber ich bin mir auch nicht ganz sicher und habe leider auch nicht das Nummernschild von dem Auto..
Cathrine: „Ach das waren bestimmt nur irgendwelche Leute..Du interpretierst da vielleicht zu viel rein..Warum

sollte Henrik etwas mit der Sache zu tun haben?Ich weiß nicht die können ja auch zufällig da gewesen sein."

Sophia: „Hm..ja kann sein..Oder sie haben uns vielleicht verwechselt oder auf jemanden anderen gewartet. Aber Henrik hat sich schon ein wenig auffällig verhalten. Unteranderem hat r ja gefragt warum ich die Tasche mitnehme und dann noch ein paar andere Bemerkungen..Ich weiß auch nicht..Naja egal..Ich versuche jetzt erst einmal zu schlafen

Cathrine: „Okay..mach das. Kannst dich ja melden

Sophia: „Okay..bye

Frage:

Eine Sache auf dem Parkplatz kam Sophia verdächtig vor, warum sie unteranderem meint, dass Henrik was mit der Sache zu tun haben könnte?Wissen Sie welche?

Kapitel 8

Sophia ist wieder zurück in Deutschland und hat erst einmal ein paar Sachen zu erledigen..Sie geht ihren gewohnten Tätigkeiten nach dennoch lässt ihr die Sache mit Henrik keine Ruhe..Die Ereignisse in denen Henrik verwickelt ist, häufen sich und mittlerweile hat sie einen anderen Eindruck von Henrik..Anfangs war er ganz nett, jedoch machte er öfters stichelige Bemerkungen aber nicht nur ihr gegenüber. Bei Cathrine hatte er auch schon diese Bemerkungen gemacht, jedoch schien sie ihn irgendwie zu verteidigen..Immerhin hatte ja Henrik Bob mit dem Teller geschlagen, Jeremy ist verschwunden, die Geschichte mit dem Feldlabyrinth und dann der Einbruch bei einem ihrer Nachbarn. Dann fällt Sophia ein, dass Henrik ihr auch Geschichten von früher erzählt hat, von denen sie nicht mehr weiß, was sie davon halten soll..Unteranderem hatte er ihr erzählt, dass ein Nachbaraus dem andren Gebäude von gegenüber einen Reifen von Henriks Fahrrad abmontiert hat..Henrik hatte sein Fahrrad früher unten im Hof, bei einem für Fahrräder vorgesehenen Platz stehen. Dieser Nachbar hätte dann angeblich sein Vorderrad an sein Fahrrad montiert und an Henriks Vorderrad seinen Fahrradreifen..Aber wer will schon mit zwei unterschiedlichen Reifen rumfahren?Und warum sollte dieser Nachbar das tun?Henrik meinte dann nur, dass sein Fahrrad gute Reifen hätte..Da Henrik beweisen konnte, dass dies sein Fahrrad ist(bzw. er hat den Kaufbeleg für die Fahrgestellnummer seines Fahrrads)hat er schließlich den Reifen wiedergekriegt. Dem Nachbar, dem er das unterstellt hat, hätte wohlgereizt reagiert und gefragt was das soll. Er meinte dann wohl, dass dies sein Fahrrad mit seinem Reifen sei..Mittlerweile weiß Sophia auch nicht mehr was sie davon halten soll.War es vielleicht doch Henrik selber? Schließlich hat Henrik das Werkzeug dafür bei sich zu

Hause..Die andere Geschichte warum Sophia inzwischen Zweifel an seiner Glaubwürdugkeit hat, ist, dass Henrik früher in einem anderen Stadtteil auch Streit mit einem anderen Mieter hatte. Er hätte dann wohl die Tür dieses Nachbarn eingetreten. Henrik bestreitet dies, allerdings gab es dafür einen Zeugen der auch gegen ihn ausgesagt hat..Auf jeden Fall bestreitet Henrik beides, die Tür eingetreten zu haben und auch die Sache mit dem Fahrrad. Er hat sein Fahrrad seitdem auch in seiner Wohnung, sodass Sophia erst einmal keinen Verdacht schöpfte..Und dann noch die Sachen mit dem riesigen Gefrierschrank den Henrik einmal in seiner Wohnung hatte..aber sie will auch nicht zu viel in die Sache hineininterpretieren..Dann erinnert sich Sophia noch an ein Gespräch mit ihrem Nachbarn von gegenüber, namens Graham. Als sich die Geschichte mit dem Feld ereignet hatte, hatte ihr Nachbar irgendwie davon erfahren und erschien dann wenig später bei ihr..Er wollte anscheinend wissen was da los war.

Dialog:
Graham: „Wo kommst du denn her?Bist du mit Henrik irgendwo hingefahren?"
Sophia: „Ja wir waren bei diesem Feldlabyrinth..und plötzlich sind diese Personen aufgetaucht.."
Graham: „"Ach und du glaubst,dass Henrik etwas damit zu tun hat? Ach der doch nicht..Er wollte dich bestimmt mit etwas überraschen..

Sophia: „Ach, ich weiß nicht..glaube irgendwie, dass die vielleicht nichts gutes vorhatten und auch irgendwie nicht, dass die zufällig da waren..

Graham: „Ach als ob Henrik etwas in der Richtung planen würde..du steigerst dich da vielleicht in etwas rein..

Sophia: „Ja kann sein.."

An dem selben Abend sehen sie noch spät abends Lucas auf den Flur..Sophia hofft, dass er nichts von dem Gespräch mitgekriegt hat..Sie hatte ja auch vorher einen ähnlichen Eindruck von Henrik, aber nachdem sich die Ereignisse gehäuft hatten, wusste sich auch nicht mehr was sie davon halten soll..

Kapitel 9

Sophia ist mit ein paar Sachen beschäftigt und übernimmt abends hin und wieder mal etwas in der Stadt. Die Ereignisse mit Henrik scheinen erst einmal in Vergessenheit zu geraten..Hin und wieder unterhält sie sich aber mit Cathrine darüber, die aber meint das Henrik zwar gerne Leute provoziert aber sonst nichts weiter tun würde..Anthony, mit dem Cathrine mehr zu tun hat wohnt auch in der Gegend und er kennt Henrik auch ein bisschen. Er hat auch nicht eine sehr gute Meinung von Henrik..Er hat aber sonst, wie er sagt nicht sehr viel mit ihm zu tun..Ab und zu sehen sich die beiden im Bus..Sophia war aufgefallen, dass Henrik und Anthony ab und zu den gleichen Status beim Messenger haben..Cathrine meint aber das dies nur Zufall wäre..Die beiden hätten kaum miteinander zu tun..Währenddessen häufen sich wieder die Streitereien zwischen Bob und Henrik. Henrik wurde zwar wegen der Tellergeschichte freigesprochen jedoch schien dieser immer noch sauer zu sein, sodass die beiden immer wieder aneinander gerieten. Wenn sich die beiden sahen beleidigte Bob Henrik hin und wieder worauf dieser sich direkt angegriffen fühlte..Jedenfalls sah es ganz danach aus als ob einer von den beiden bald ausziehen würde..In letzter Zeit waren schon ein paar Leute ausgezogen unteranderem aus deswegen, da Henrik sich ab und zu beschwerte..Eines Tages war Sophia oben in ihrem Appartement und kriegte einen Streit zwischen Henrik und einen, ihr bis jetzt nicht bekannten Nachbarn mit. Henrik ist anscheinend sauer darüber, dass der Nachbar in seiner Wohnung Sisharaucht und der Rauch durch das Fenster bei Henrik in die Wohnung ziehen würde. Henrik war dann wohl schon bei diesem Nachbarn unten bei seiner Wohnung und hatte bei diesem geklopft und sich beschwert. Dieser fühlte sich dann anscheinend bedroht..Sophia hört an diesem Tag wie die Polizei zu diesem Gebäude kommt und die beiden zu dem Geschehen befragt. Als sie das hörte, war sie wütend..und ging zum Hof wo das

Gespräch stattfand..Henrik ruft ja öfters die Polizei und
beschwert sich über Nachbarn und gerade nach den
Ereignisse n in letzter Zeit, die zeigen, dass Henrik ja
wahrscheinlich auch nicht unschuldigist kann sie nicht
begreifen, dass er wegen sowas die Polizei ruft..Unten
angekommen verteidigt sie dann diesen Nachbarn uns
meint, dass schon nichts passieren würde, wenn er ab
und zu den Raucheinatmet..Henrik guckte sie darauf hin
nicht sehr freundlich an und unterhielt sich
weiter..Sophia geht daraufhin wieder zu ihrer Wohnung
und sah wie die Polizei wieder wegfährt und meinten sie
sollten das unter sich klären..Ungefähr eine Stunde
später als Sophia ein bisschen Fernsehguckte rief Henrik
sie an..

Dialog:
Henrik: „Was sollte das denn gerade?Ich finde das nicht
in Ordnung.
Sophia: „Ja du ziehst die ganze Zeit solche Sachen ab
und beschwerst dich dann über sowas..Das finde ich
nicht in Ordnung..mir kommt es manchmal sovor, du
machst das extra um die Leute zu provozieren..aber ich
weiß auch nicht.
Hernik: „Mich stört einfach der Rauch..An deiner Stelle
würde ich das nicht noch einmal machen..Ichrede schon
seit längerem nicht mehr mit dir..Lass das einfach sein

77

Sophia: „Ja was ist denn da los?Du tritts bei anderen die Türen ein und erzählst nicht die Wahrheit..Was soll man denn davon halten?"

(Henrik reagiert gereizt)

Henrik: „Ich habe bei niemanden die Tür..(dann unterbricht er kurz)..Misch dich nicht in meine Angelegenheiten ein..Komme mir nicht nachts in die Quere."

Sophia: „Wo soll ichmich denn nicht einmischen?"

(Henrik wiederholt ärgerlich)

Henrik: „Misch dich nicht in meine Angelegenheiten ein..Das ist Verleumdung..Außerdem hat der Nachbar unten von sich aus die Polizeigerufen, weil er sich bedroht gefühlt hat..Ich lege jetzt auf..Das war nicht in Ordnung..bye

Sophia: „Okay ich mische mich nicht mehr ein..bye."

Kapitel 10

Sophia beschließt die ganze Sache mit Henrik erst einmal auf sich beruhen zu lassen..Jeremy war seitdem nicht mehr aufgetaucht. Was ihm passiert ist oder ob ihm überhaupt etwas passiert ist kann sie im Moment auch nicht feststellen..Sie könnte vielleicht eine Vermisstenanzeigebei der Polizei aufgeben aber selbst dann würden sie vielleicht nicht nach ihm suchen ..Naja auf jeden Fall hatte Henrik aber am Anfang immer wieder erwähnt, dass Jeremy noch nicht wieder aufgetaucht ist, sonst wäre ihr dies wahrscheinlich nicht sofort aufgefallen oder sie wäre nicht immer wieder dran erinnert worden..Naja und dann war da noch die Sache mit dem Feldlabyrinth..Erst dadurch hatte sie ja diesen neuen Eindruck von ihm gekriegt..Dann erinnert sich Sophia an ein Telefonat am nächsten Tag..Sie hatte ihn angerufen um zu erzählen, dass sie bei der Polizei war unteranderem um zu testen wie er reagiert und wie er sich danach verhält..Sie wollte auch, dass Henrik nicht noch einmal soetwas in der Richtung versucht, falls er etwas mit der Sache zu tun hatte..Wenn er vorgewarnt ist lässt er sowas vielleicht sein, aber auch da kann man sich nicht sicher sein..

Dialog:
Sophia: „Was waren das da für Personen gestern? Also die Situation war schon ein bisschen bedrohlich..die haben uns anscheinend beobachtet."
Henrik: „Ach keine Ahnung. Das war nichts..Das waren nur irgendwelche Leute."
Sophia: „Keine Ahnung..Ich weiß nicht..ich sollte auf jeden Fall ein Aussagemachen..Leider habe ich das Nummernschild nicht."
Henrik: „Was hast du denn erzählt?Hast du erzählt, dass ich dabei war und hast du meinen Namen erwähnt?"
Sophia: „Ja habe erwähnt, dass du dabei warst."
Henrik: „Okay dann werden sie michwahrscheinlich noch einladen um eine Aussage zumachen
Dann fragt Henrik mit einemUnterton..

Henrik: „Hast du eigentlich jemandem davon erzählt, dass wir zum Feld zum fahren?"

Sophia: „Ja eigentlich nur dir, Lucas und..

Henrik: „Hast du eigentlich Cathrine davon erzählt? Vielleicht hat sie etwas damit zutun

Sophia: „Nein..habe ich nicht."

Henrik: „Ja keine Ahnung..wollten sie sonst noch was wissen?"

Sophia: „Nein..eigentlich nicht."

Henrik: „okay..ich lege jetzt auf..ich bin gerade einkaufen."

Sophia: „Okay..bye."

Sophia fiel dann nach dem Gespräch auf, dass Henrik sich in den Wochen danach nicht mehr sehr häufig draußen aufhielt, aber das musste auch nicht unbedingt etwas mit dieser Sache zu tun haben.. Mittlerweile hatte sie fast nichts mehr mit Henrik zu tun. Wenn sie sich sahen ignorierte er sie meistens oder er ging ihr aus dem Weg..Dann erinnert sich Sophia noch an eine Situation als sie aus dem Ausland wieder da war. Es hatte ja dieser Einbruch bei ihrem Nachbarn stattgefunden und Henrik hatte sich mit dem Nachbarn wegen dem Rauch angelegt..Woraufhin Sophia sich eingemischt hatte und Henrik sie dann später wütend angerufen hatte..Er meinte ja , sie soll sich nicht einmischen.. Auf jeden Fall stand Sophia dann einen Tag draußen mit diesem Nachbarn, bei dem der Einbruch stattgefunden hat und Graham ihrem Nachbarn von gegenüber und sie haben sich unterhalten. Henrik hatte das irgendwie mitgekriegt und ging dann wütend an ihr vorbei, als Sophia wieder im Gebäude war..Er ging dann zu den anderen Nachbarn nach draußen, mit denen sie sich unterhalten hatte..Ob er vielleicht überprüfen wollte was sie erzählt hat?Aber vielleicht kam es ihr auch nurso vor..Auf jeden Fall kann sie die Sache mit Jeremy und dem Feldlabyrinth erst einmal nicht aufklären und beschließt die Sache erst einmal auf sich beruhen zu lassen..sie wollte nicht immer daran erinnert werden und es kann ja sein das sich die Sache vielleicht bald von alleine klärt..oder jemand vielleicht etwas dazu erzählen kann..